화려한
반란

화려한 반란

초판 1쇄 발행 • 2010년 8월 10일
재판 1쇄 발행 • 2016년 8월 3일

지은이 • 안오일
펴낸이 • 황규관

펴낸곳 • 도서출판 삶창
출판등록 • 2010년 11월 30일 제2010-000168호
주소 • 04149 서울시 마포구 대흥로 84-6, 302호
전화 • 02-848-3097
팩스 • 02-848-3094
홈페이지 • www.samchang.or.kr

디자인 • 정하연
인쇄 • 신화코아퍼레이션
제책 • 국일문화사

ⓒ안오일, 2010
ISBN 978-89-90492-83-8 03810

* 이 책 내용의 전부 또는 일부를 재사용하려면
 반드시 지은이와 삶창 양측의 동의를 받아야 합니다.
* 책값은 뒤표지에 표시되어 있습니다.

화려한
반란

안오일 시집

삶창

시인의 말

지치고
무섭고
슬펐던 시간이
결국
나를 품어준
품이었다

차례

시인의 말 • 5

제1부

지독한 힘 • 12
티티새의 전설 • 13
빛무덤 • 16
화려한 반란 • 18
짝짝이가 하나를 이룬다 • 20
의자를 고치다가 • 22
뜨거운 암전 • 24
저물녘 • 25
가시나무 • 26
품 • 28
순간의 빛 • 30
사라진 신발 • 32
콩깍지 • 34
물을 준다는 것 • 36
무늬는 제 몸이 없다 • 38

제2부

상처에 대한 다른 생각 • 42

숨은 명령 • 44

내가 없는 곳에 내가 서서 • 46

힘에는 무게가 없다 • 48

꽃 사주 • 50

새 한 마리 날다 • 51

지도 • 52

낙지부인의 하소연 • 54

벚꽃 잎을 쓸면서 • 56

멈춰버린 시계 • 58

정적靜寂은 신의 말이다 • 60

어떤 엽서 • 61

빗소리는 다 다르다 • 62

남광주 국밥집 • 64

너에게 가는 길에는 이름이 있다 • 66

계단을 오르며 • 68

제3부

기울임에 대하여 • 72

대립이 세상을 구성한다 • 74

번짐에 대하여 • 76

관계 • 78

거울 • 80

옷 • 82

낯선 신발과 함께 • 83

우의 • 84

익숙한 미래 속으로 • 86

부드러운 힘 • 88

결혼비행 結婚飛行 • 90

어떤 시간 • 91

종자들의 지론 • 92

나무의 세 제곱센티미터 • 94

도시의 야경 • 96

제4부

산, 수유 • 98
초록, 그 뜨거운 색깔에 대하여 • 99
꽃눈의 뿌리는 기억이다 • 100
겨울 냇가에서 • 102
섬진강 • 104
뱀과 언니, 그리고 나 • 106
뭐 어때? • 108
말을 빚는다고 하지만 • 110
초록 발효 • 112
뿌리와 가지 • 113
한로寒露 • 114
딸깍 다리 • 115
웃고 있는 마네킹 • 116
점검 중 • 118
한 마리 물고기가 되다 • 120

해설__이원론을 넘어서는 여성적 살림과 삶에 대한 사랑 | 오철수 • 123

제1부

지독한 힘

뒷산을 오르다 본다
봉분들 위로
올망졸망 피어나는 아기별꽃들,
진통이 시작됐다
구구구구 멧비둘기의 신호로
산파를 찾아 재빠르게 뛰어가는 청설모
자진모리로 감겨드는 허리의 통증으로
딱 죽을 만큼 뒤틀릴 때마다
그녀의 발은
늘 흙투성이 맨발이다
울퉁불퉁 불거진 발등에 걸려
때깔 좋은 햇살이 넘어진다
우지끈, 입술 깨무는 소나무 가지에
둥지를 트는 새들은 바쁘고
자잘한 돌멩이들이 땀처럼 비탈을 구른다
온 산이 들썩인다

티티새의 전설

사람들은 이렇게들 말하지
―십자가에 달린 예수를 구하려고
　가시면류관의 가시를 뽑아내다가 그 가시에 찔려 죽
었다던
　티티새,

하지만 아무도 모를 거야
불새나 가시나무새처럼
전설적인 새로 불리는
나만의 진짜 이유를

참 쉬웠지
백 개의 혀를 놀리는 데는
그리 많은 시간이 필요치 않았어
내 혀가 핥고 간 자리마다
아물지 않는 상처가 나곤 했지
보다 못한 신이

형벌을 내린 거야
백 개의 혀에
백 개의 가시를 박아야만
겨우 죽을 수 있는,

난 벗어나려 발버둥쳤지
울음을 멈추고
아침이 오면 숨었고 밤이 되면 도망쳤지
하지만 피할 수 없는 것을 피하려는 것은
결국 백 개의 혀를 뽑아버리는 것
나를 부정하는 것

그제야 알게 되었지
내게 내린 형벌의 의미는
형벌을 형벌로, 나를 나로 다 살아낼 때
비로소 내가 됨을
아, 운명은 내가 날아오르는 것

사람들이 하늘을 향해
비아냥거리는 어느 날
나는 날아가 예수의 면류관에 박힌 가시를 찍어내기 시작했고
온몸에 피가 물들기 시작했고
가시마다 나를 깨는 아픔이 열리기 시작했고
내 죽음에서
붉은 열매, 심장이 뛰기 시작했고

티티새가 태어났지

빛무덤

빛이 무덤이다

들어간 길로 나오지 못하는 것들이 있다
전구를 갈아 끼우기 위해
전등갓을 벗겨보니
메뚜기 한 마리 벌러덩 누워 있다
아무리 봐도 들어갈 틈이 없는데
이 좁은 문을 어떻게 통과했을까
빛의 유혹에 앞만 보고 달려들었을
몸부림의 흔적이 적나라하다
검게 그을려 바삭거리는 날개,
풀잎에서 풀잎으로 건너 뛰어다녔을
긴 뒷다리 바싹 웅크린 채
잘 마른 미이라가 되어 있다
몰랐겠지, 먹기 좋게 차려진 그 환한 먹이가
무덤이 될 줄은,
죽음의 공포조차 몰아냈던

생에서 가장 찬란했던

부서진 날개

눈부시다

화려한 반란

닦아내도 자꾸만 물 흘리는 그녀
헐거워진 생이 요실금을 앓고 있다
짐짓 모른 체 방치했던 시난고난 푸념들
모종의 반란을 모의하는가
아슬아슬 몸 굴리는 소리
심상치 않다, 자꾸만 엇박자를 내는
그녀의 몸, 긴 터널의 끄트머리에서
슬픔의 온도를 조율하고 있다
뜨겁게 열 받아 속앓이를 하면서도
제 몸 칸칸이 들어찬 열 식구의 투정
적정한 온도로 받아내곤 하던
시간의 통로 어디쯤에서 놓쳐버렸을까
먼 바다 익명으로 떠돌던
등 푸른 고등어의 시간,
연하디연한 분홍빛 수밀도의 시간,
세월도 모르게 찔끔찔끔 새고 있다
입구가 출구임을 알아버린

그녀의 깊은 적요가 크르르르
뜨거운 소리를 낸다, 아직 부끄러운 듯
제 안을 밝혀주는 전등 자꾸 꺼버리는
쉰내 나는 그녀 아랫도리에
반란이 시작되었다

짝짝이가 하나를 이룬다

나는
눈이 짝짝이다
안경 도수도 짝짝이다
그래서 면면이 살피려면 눈이 금방 피로하다
하지만 두 눈이 아니면
나는 거리를 잃어버릴 것이다

나는
손도 짝짝이다
손가락 굵기도 짝짝이다
그래서 왼손 장지에 낀 반지가
오른손 장지에는 안 들어간다
하지만 힘쓰는 일은 오른손이 있어 좋다
오른손 왼손이 할 일도
자연스럽게 나뉜다

나는

발마저 짝짝이다
그래서 새 신발을 신을 때마다
한동안 한쪽 발이 수난이다
한쪽을 절룩대며 주춤거리는 사이
불편한 쪽을 중심으로 걷고 있는
나,

하지만 남들은
잘 보고 일하고 걷는 나를 본다
편견 없이 보는 일이 이와 같다
짝짝이가 짝을 이룬다

의자를 고치다가

가끔 삐걱거리던 의자가
이젠 수시로 휘청인다
몸을 비틀면 그쪽으로
마치 관절을 가진 의자처럼,
뒤집어놓고 보니 나사가 풀린 것인데
드라이버로 조여도 헛돈다
나사가 박혔던 나무 부분이
부스러져 헐거워진 것
나사를 빼 보니 나선 틈에
나무의 살이 끼어 있다
삐걱거릴 때마다 고정시켰던 나사가
나무를 파 먹으며 아주 조금씩 풀린 자리
연결 부위는 늘 약하다
나와 너의 관계처럼
단단하게 연결되었더라도
피로는 연결 부위에 고이게 마련인 것을,
하나로 버틴다고는 하지만

세월에는 단단히 조여줄 크기의 나사가 없다
다만 삐익 삑 소리 날 때부터
조심했어야 했다

배려는 추상적인 것이 아니다

뜨거운 암전

弔燈 내걸린
희망 전파사
희미한 간판의 '파' 자가
암전이다

희망 전○사!
희망이 戰死했다는 것인지
희망을 찾는 戰士라는 것인지

희망은
우연에 놓여 있었다

저물녘

세상 모든 것들이
그림자가 되는 순간이 있다

하늘도 산도 나무도 꽃도
집도 길도 흐르는 강물도
제 색깔을 다 내뱉고

철거 중인 건물도 죽어가는 가로수도
늘어선 노점상도
제 아픔을 다 삼키고

그림자가 되는
그런 순간이 있다

다 스며들어 하나가 되는,

가시나무

가시나무라는데
가시는 하나도 없다
잎만 넓적하고 부드럽다 오히려
바람에 흔들릴 때
출렁출렁 대는 모습이 관능적이기까지 한데
왜 가시나무라고 불렀을까
나는 이런 생각을 하다 깜짝 놀랐다
출렁대는 것—
관능적인 것—
가장 깊은 곳을 찌르는 것은
저런 부드러움이라는 것일까
가만히 생각해보니
나를 찌른 것들도 하나같이
가시 없는 가시들이었다
가시가 없다는 확신에
안심하는 것이 습관이 될 때
부드럽다고 참 부드럽다고 생각이 들 때

찔렸던 것인데

정말 가시나무에겐
가시가 없다

품

터미널 승차장 앞에서
키가 작고 아주 가녀린 여자와
몸집이 큰 군복 입은 남자가 포옹하고 있다

뒤에서 바라보고 있는 내 눈에는
남자의 등밖에 보이지 않지만
넓은 등에서 느껴지는 간절한 마음은
보이지 않는 여자의
벅찬 마음까지 보여준다

안겨 품는 것과 품어 안기는 것이
하나가 될 때는
등도 품이 되나 보다
등이란 원래
품의 또 다른 이름인지도 모른다

품을 열어, 품었기에 등이 되는…

품는 것은 짚어지는 것
하여, 저 뜨거운 포옹은
서로를 품고 서로를 짚어지는 것인가

만질 수도 바라볼 수도 없는
자기 자신의 등,
뜨거운 포옹으로만 확인할 수 있는

순간의 빛

컴으로 작업을 하던 중
아무런 경고도 없이
어떤 조짐도 없이
한순간 번쩍, 빛이 일어나면서
전원이 나가버린다
돌발 상황을 맞아
멍하니 앉아
깜깜한 화면을 바라보고 있는데
순간적으로 일었던 빛이
자꾸만 생각을 두드린다
어둠으로 가기 전
그 찰나의 빛!
돌아가시기 직전 정신이 든
아버지의 한 말씀처럼
떠나는 사람과
남겨진 사람이 느끼는
진실한 울먹임처럼

놓아야 하는 일들 앞에서
비로소 아쉬움이 느껴질 때처럼
꽃잎이 떨어지기 직전
꽃대궁이 한 번 흔들릴 때처럼
모든 것들은
떠나기 직전
순간의 빛을 잡는가

사라진 신발

극구 말려도 막무가내다
현관문 밖으로만 나가려는 두 살 난 조카 아이
제 뜻이 이뤄질 것 같지 않은지
현관에서 신발을 가져와 가슴에 꼬옥 품는다
그러고는 털푸덕, 주저앉아
맨발을 구르며 통곡을 한다

신발을 껴안고 울다 잠든 조카를 바라보다가
얼마 전에 본 사진 한 장을 떠올린다
일꾼으로 보이는 흑인 소년이
두 손에 신발을 꽉 쥐고 맨발로 서 있는
큰 눈망울만 빛나는,

지금은 신을 수 없는 신발을 쥐고 있는 소년이나
밖으로 나가지 못해 제 신발을 품고 있는 조카나
언젠가는 신고 나갈 자유를 꿈꾸는 것인데
언젠가는 신고 나갈 제 의지를 품는 것인데

잠들 때까지 바라는 하나를 위해
울어본 적이 없는 나는
오랫동안 무언가의 노예로 살아온 나는
나만의 눈빛을 사른 적이 가물하기만 하다
알게 모르게 잃어버린 내 신발들을 생각해본다

콩깍지

콩알이 다 빠져나간 깍지들이
마당귀에 널브러져 있다
햇살도 속이 텅 빈 콩깍지를 통과한다
저 가벼움이라니!

속을 비워낸 콩깍지들은
부피가 크다
보호해야 할 것이 없을 때의 콩깍지는
콩알을 담고 있을 때의 집요함이 없다
앙다물었던 표정
다 잃은 저 평온함이라니!

바람이 불자
콩깍지들, 사사사삭 소리를 내며 한쪽으로 몰려간다
제 속을 비워낸
저 소리!
아련하다, 멀어서가 아니라 깊어서

하나하나 집요하게 콩깍지를 쓸어 담는 어머니
오 남매 다 여의고
시간의 모서리 깎고 깎아 남은
저 콩깍지!

물을 준다는 것

흙만 있는 빈 화분에
자꾸만 물을 주는 어린 조카
언젠가는 싹이 나올 거란다
절대로 나올 수 없는 싹을 위해
다복다복 물을 주는 조카를 보며
나는 문득, 정말로 싹이 나올 것만 같은
묘한 느낌을 받는데

흙속으로 빨려 들어가는 물을 신기한 듯
바라보는 조카의 눈빛은
물에게 길을 내어주는 흙에 대한
그 길로 밀고 올라올 꿈에 대한
믿음처럼 반짝거린다

혹 싹이 트지 않는다고 앙앙거릴 조카를 위해
씨앗 하나 몰래 심어둘까 생각하다
서둘러 거둬버린다

쪼그리고 앉아 어떤 의심도 없이
제 바람에 물을 주는 마음
그 속에 싹은 이미 돋았을 것이므로

무늬는 제 몸이 없다

계단을 오르는데
밟히는 돌의 무늬가 묘하다
자세히 보니 날개며 크기가 매미 같다
수없이 밟혀 몸이 으깨져 붙은 것인데
비참하다는 생각이 들지 않는다

오히려 돌이 된 매미
오히려 영원이 된 매미…

어떤 정교한 손에 의해 새겨진
아니, 돌 속으로 들어가기 위해
스스로 수없이 밟히길 원했을

저 육탈!

생이 누군가의 무늬가 된다는 것은
제 몸을 버려야 한다는 걸까

가장 큰 창조의 희열은
무늬 속에 제 몸을 새겨 넣기도 할 것이다

이제 돌 속 매미의 울음 끊이지 않겠다

제 2 부

상처에 대한 다른 생각

과일 가게에서 사과를 고르는데
때깔 좋은 것만 골라 담는 봉지들마다
상처 난 것 한두 개씩을 덤으로 얹어준다
이상하다, 난생처음
덤으로 실려가는 것들에서
연민보다 상큼함을 느낀다
검은 봉지 안에서 저들끼리
데굴데굴 환해지리라는 이 정체불명의 느낌
전 같으면 상처에 머물고 덤에 머물렀을
내 마음 온 데 간 데 없다
뜬금없는 이 달콤한 향내
내게도 덤으로 두어 개 얹어주는데
검지손가락이 없는 아주머니의 손 안에서
파악— 웃는 찌그러진 진한 향!
집으로 오는 동안에도 나는
정체불명의 느낌에 사로잡혀 있었는데
버스가 급브레이크로 덜컹하는 순간

봉지에서는 더욱 향기가 웅성거린다
덤은 누구에게나 넘치게 해준다
내 상처도 그들을 풍성하게 해주리라

숨은 명령

베란다 청소를 하다가
거미와 딱 마주쳤다

꼼짝도 않는다
모든 긴장은 클로즈 업—거미의 발은
죽기 살기 돌파 자세로
검은 피가 흐르고
오싹한 순간
적의는 내가 모르는 신경으로 날래게 팔을 움직여
단번에 거미를 내려친다

모든 클로즈 업은 과장—발버둥치는
거미가 온몸으로 부리리는 검은 눈알이다
급히 내 두려움을 베란다 밖으로 떨쳐버렸는데
아뿔싸,
구석 틈에서 꾸물꾸물 기어 나오는
새끼 거미들의 아비규환

순간, 스쳐갔다
저들을 숨어 있게 하고
저들을 나오게 한 명령은 무엇이었을까
또 지금 내 적의를 순식간에 걷어가 버린
명령은

내가 없는 곳에 내가 서서

처음이다
내 앞모습, 옆모습, 뒷모습
전신을 한꺼번에 보는 것은

사면의 거울을 통해 거울 속의 거울을 통해
손님은 나밖에 없는
팬시점에 꽉 찬 나를 통해
나를 빠져나온 나를 본다
밖으로만 향해 있는 내 두 눈이
내 안으로 향하는 순간이다

잠시 흔들거린다 거룻배마냥,
중심이 많다는 건 중심이 없다는 것
내 안에 너무 많은 나를 담은 것이다
나도 모르게 만들어진 탓일까
문득 모두가 타인처럼 보이면서
내가 사라져버린 느낌이 든 것은,

한 발짝 물러서면 따라 물러서고
핀을 꽂으면 따라 꽂는데도

끝내 핀을 고르지 못하고
그냥 문을 나서는데
그 수많은 내가 우르르르 따라나선다
거리에도 수많은 사람들이 걸어다닌다
참 무겁게 보인다
덜어내야 할 모습들이 끌려다니고 있다

힘에는 무게가 없다

자기 마음처럼 뻥 뚫린
도너츠만 먹겠다는 친구의 메시지가
힘들다는 말보다 더 아프게 다가왔다

순간적으로
슬픔도 힘이라는 어쭙잖은 위안이
튀어나왔지만, 이내
주워 담았다

위안이 위안 되지 못할 때가 있다
도너츠만 먹겠다는 한쪽으로 몰린
슬픔이 너무 시리다

―그 도너츠 같이 먹자
답신 보낸 후 생각한다

내 몸이 온통 쏠려 있는 슬픔엔

무게만 있을 뿐이다

무게는 힘이 되지 못한다

꽃 사주

중심사 오르는 참꽃 길
한 쌍의 나비 마악
자리를 털고 내려간다

사주, 기일, 궁합 펼쳐놓고
오르내리고 있는
생의 갈피 엿보고 있던
한 노인,
활짝 핀 참꽃 보며
중얼거린다

내년에도 다시 필, 저 꽃들만큼
더 좋은 사주 어딨을꼬

새 한 마리 날다

흰 새 한 마리, 하늘을 날고 있다
솟구쳐 올랐다가
아래로 내달렸다가
몸 가는 대로 놀이를 한다
점점 내 시야로 다가오는데
하얀 비닐봉지다!

허망하게도 새에서 비닐봉지가 되는
그 짧은 순간을 지나친다

모든 판단은
순간을 지나쳐갈 것이다
가장 부자유한 순간을

새 한 마리 난다
내게서 다시 비닐봉지가 되기 위해

지도

사진작가가 어느 역 앞에서 찍었다는
백발 할머니의 사진을 본다
격랑이 일었던 듯 압록강과 두만강의 큰 물줄기가
왼쪽 이마에서 오른쪽 관자놀이까지 뻗어 있다
지난 생의 역사를 증명해왔을
움푹 팬 눈이 깊다
떨어져도 떨어져도 닿지 않는 바닥처럼,
콧등을 가로지른 삼팔선 근처엔
사연 많았을 임진강이 구구절절 흐르고
모진 바람 때문이었을까
귀밑머리 근처에서 턱선까지 뻗은 큰 산맥들
끌고 온 세월의 무게인 듯 휘몰아쳐 꺾여 있다
그 산맥들 등에 업고 금 간 듯 이어진 듯 퍼져 있는
볼과 입 언저리의 강줄기, 도로선, 자잘한 능선들에서
고독했을 갈림의 시간들을 읽어본다
늘 떼어놓아야만 했던 자식처럼
턱 아래 떠 있는 까만 섬 하나,

슬픔도 고통도 기쁨도 읽어낼 수 없는
표정 없는 이 얼굴에서
역사는 왜곡돼도 지도는 거짓이 없음을
파닥파닥 느끼는데

삶의 길목 길목이
늘 내리고 타는 역이었을 할머니는
지금은 어느 역 앞에 앉아 계실까

낙지부인의 하소연

첨엔 봉긋한 가슴이 있었지라
혹인지 옥인지 모를 새끼들
하나 둘 낳고부터
가슴이 머리로 달라붙어붑디다
이렇게 가분수 머리통이 될 줄 누가 알았간디요
어디 그뿐이단가요?
청춘의 덫에 걸려 뻘 구덩이에 살믄서
게만 잡느라 동분서주하다 보니
이렇코롬 다리만 늘어지게 돼부렀지라
사방 디서 모가지를 잡고 늘어져도
버팅길라면 것도 부족합디다마는
인자 어디서도 찾을 수 없으께라
뻘 가슴팍에 뻥뻥 구멍 내감서
바다를 향해 사래질 치던 그 꿈들,
시방도 휑한 가슴께로 머신가 차오를락치면
시꺼먼 한숨이 푹푹 나와싼디요이
어쩌겄소

한 발 빼고 나면 한 발 빠져 있는 세상인디
나도 나가 징그랍소

벚꽃 잎을 쓸면서

근무하는 건물 앞길 벚꽃나무 가지, 바람의 비늘처럼 너울너울 춤추다가
닫힌 문틈으로 들어와 계단까지 점령한다

몰려드는 꽃잎들 빗자루로 쓸어내지만, 빗자루가 일으킨 바람을 타고 자꾸만 이리저리 날아가 버린다

힘을 주고 세게 쓸어대면 댈수록, 더 분분 날아가 버리는 꽃잎들, 점프를 해 내 옷에 달라붙는 놈, 반 바퀴 돌다가 작은 풀잎에 내려앉는 놈, 텀블링하며 저만큼 달려가는 놈, 결코 빗자루의 이끌림에 끌려가지 않는다

담배꽁초, 휴지 담긴 과자봉지, 깨진 유리조각 등 무게 있는 다른 쓰레기들은
다 쓸리는데 낱장 하나의 가벼움일 때는 바람의 형상도 만들어버리는, 거침없는 자유로움일 수도 있다

벚꽃나무 뿌리의 중심은 저 가벼움일 것이다 꽃잎 하나, 떨어질 때처럼 날아올라 다시 내리는 중이다

멈춰버린 시계

안방의 벽시계가 멈췄다
시계가 많아 별 신경을 쓰지 않았는데
어느 날 밤 고요가
멈춘 시계 때문이란 의심이 들었다

내 눈도 멈추게 하고
생각도 멈추게 하는
저 시계!

다음 날 건전지를 갈아 끼웠는데도
움직이지 않는 시계
툭툭 쳐보기도 하고
바늘을 돌려보기도 하지만
아무런 반응이 없는 시계!

이미 멈춰버린 그는
수심 깊은 시간의 연못인가

세 시 삼십팔 분 십오 초
저 속에서는
전자장치도 소용없고
건전지도 필요 없다

누구에게 공지할 필요도 없는
무진장한 시간,
내 생각 전부가 무화無化되는
고요가 들어 있다

정적靜寂은 신의 말이다

 속살 벌건 새끼들 젖 물리던 어미 쥐, 다가오는 방울뱀 보고 정신없이 도망치다가

 멈칫, 멈춰

 머—엉 서 있다

 차마 뒤돌아보지 못하는

 저—

 단애斷崖

어떤 엽서

셔터 내린 전파사 앞
의자에 앉아 아코디언을 치는
소녀

응시점 없는 미소가
땋아 내린 갈래머리로
작은 가슴으로
가지런한 두 다리로
잔잔히 퍼진다

질주하는 시간의 소리도
앞다투어가는 경적도
그대로인데

천상의 소리는 들리는 것이 아니라
보이는 것이어서
세상 참 고요하다

빗소리는 다 다르다

웅덩이로 떨어지는 비는
누군가를 기다리며 돌팔매질하는 소년이다
양철지붕 위로 떨어지는 비는
아득한 시간이다
키 큰 가을 플라타너스 잎 위로 턱턱 떨어지는 비는
세기말이다
어둠 속 달리는 자동차 위로 떨어지는 비는
속내를 들켜 터지는 흰 꽃이다
빛의 안쪽까지 밝히며 쇼윈도 위로 떨어지는 비는
빨간 구두 신은 여인을
또각또각 걸어오게 한다
우산 없이 뛰어가는 젊은 남녀 웃음 위로 떨어지는 비는
이십 년 전까지 적시는 향수다
들판을 가득가득 채운 비는
엄마의 초록 젖내다

눈 들어 바라보면

다 다른 비 오신다
알몸이 되어 조심스럽게 흙을 밟으며 걸어가는
내 안의 여자를 상상한다

남광주 국밥집

깔끔한 제복에 허리 굽혀 절하는
안내원은 없지만
허릿살 푸짐한 아낙 하나 살붙이처럼 앵겨드는
남광주 국밥집에는요
찌긋한 문틈 새로 풀려나오는 순대국밥 뜨건 열기
도로변까지 점거해버리는 그 집 앞에선
살얼음 낀 세상의 한파도 슬쩍 비켜선다는데요
제아무리 俗을 벗은 스님이라도
싸륵싸륵 남의 살이 동하는지
후끈한 방 안에 곱창처럼 섞이기도 한다는데요
굼벵이 같은 버스는 당최 오지 않고
주머니에 두 주먹만 가득 채운 사내 몇
곱사등이로 동동거리다가 기어코
국밥 한 그릇에 쇠주 한 병 벌컥대고 나면
속계와 선계가 한통속이라
걸쭉한 육두문자도 거침없이 헉헉 삼켜댄다는데요
붕어빵 이천 원어치에 환호성을 지르는

어린 것들 앞에서 짐짓 목에 힘주는
못난 아빠들의 순대 속 같은 하루가
푹푹 고아지고 있는

너에게 가는 길에는 이름이 있다

나는 불린다
같지 않은 이름으로

안 선생
안오일 시인
오일아
안오일 씨
(안오일 씨에도 수없이 많은 내가 있다)
어이, 여보세요, 저기, 보드라고

꽃밭에 앉아 중얼거리는 어린아이
파이팅을 외치는 피곤한 커리어 우먼
까닭 없이 웃음 짓게 만드는 그리운 이
때로는 먹장구름
빛나는 햇살
여보
가장 많이 불리는 이름은

엄마, 두 아이에게 끌려다니는

나는 나를 일으켜
너에게 간다
가끔은 건너뛰고도 싶고
주저앉아 미루고도 싶지만
늦출 수가 없는 멈출 수가 없는
네가 되어

계단을 오르며

엘리베이터는 점검 중
걸어서 맨 꼭대기 18층까지 올라가야 한다
쉬지 않고 10층까지 오르다
난간에 기대어 무심코 아래를 내려다보는데
휘어진 길이 보인다
나는 수직이 아닌 곡선으로 오르고 있었던 것,

계단과 계단이 만들어낸 구석이 보이고
층과 층 사이에 두어야 하는 평지도 보이고
각 층 벽에 비상구 표시와 소화기함도 보인다
위로 오르기 위해서 두어야 하는 공식처럼,
그렇게 계단은 빙빙 돌면서 있다

돌이켜보면 만나고 스치고 돌아서는
모든 순간들이었던 그 삶의 길을 생각해본다

나무와 나무 사이를

바위와 바위 사이를 딛고
새소리를 지나 꽃향기를 지나
산을 에둘러 정상에 오르듯
오름은 고립된 수직이 아니라
세상을 품는 곡선이었던 것,

숨이 차게 오르면서
18층에서 살고 있음을 처음 몸으로 느낀다
앞뒤 거울을 통해 나만 보이는
엘리베이터를 타고 오를 땐 몰랐던

제3부

기울임에 대하여

책장 정리를 하는데
덜 찬 책꽂이의 책들이
자꾸만 빈 공간 쪽으로 쓰러진다

책 한 권 비스듬히 세워놓으면 되는데도
번듯한 폼에 어긋나므로
몇 번이고 바르게 세워보지만
여전히 마찬가지다

결국 맨 끝 쪽 책을
약간 기울여놓으니
그에 의지해 바로 서는 책들,

기울인다는 것은
불안한, 거슬리는, 한쪽이 낮아지는
그렇게 폼 잡을 수 없는
도둑맞은 생의 각도이다

그 기울임이 다른 생을 일으키다니,
애당초 기울임 속에
바로 선 것들이 살고 있다

대립이 세상을 구성한다

카페에 앉아 있다 보면
유난히 주위 풍경이 눈에 들어올 때가 있다
온통 대립이다

벽기둥과 그 면에 달라붙은 거울 사이
게시판과 거기에 꽂힌 압정 사이
못과 그 못에 구멍 뚫린 아트플라워 사이
출입문 안팎에서 순간 밀고 당기는 사이
탁자의 윗면과 다리의 이음새 사이
술잔에 부딪히는 생각과 생각들 사이

밀어내는 한쪽의 힘만큼만
서로를 밀어내고 있다
버틸 만큼,
그렇게 져주고 있다
다른 것들끼리 이루어낸 이 공간의
공존 방식이다

뒤엉킨 의견들 잠시 놓고
친구와 잔을 들어 들이켜는데
마주앉아 든 손의 방향은 다르지만 둘 다 오른손이다
대립 속에서 찾아낸 공통분모다

번짐에 대하여

일을 끝내고 늦게 돌아와
미루어진 집안일을 하고 책상에 앉는다
오늘은 단 한 줄이라도
꼭 쓰자는 심정으로
메모 공책을 펼쳐놓지만
생각이 자꾸 꾸벅거린다
순간적으로 놀라 눈을 떴을 땐
이미 아침이다
엎드렸던 몸을 일으키자
손목이 저릿저릿
손에 든 펜이 그대로 종이에 꽂힌 채 날을 샌 것이다
시는 삶이라고 하지만
삶을 되돌아볼 시간이
글 몇 자 적지 못할 귀퉁이일 땐
방황만 하다가
생각은 붙잡지 못하고 마는 것인가
허망하게 빈 종이를 쳐다보는데

펜에서 빠져나간 잉크가

종이 위에 번져 있다

내 손이 움직여주지 않아도

밤새 조금씩 조금씩 제 생각을

풀어냈을 펜이

이미 시로 번져온 것이다

나를 위해 움직여줄

몇 자 적을 귀퉁이 시간뿐인 내게

방황을 방향으로

바꿔버리겠다는 번짐으로,

번짐이 또 다른 번짐으로 번져간 것일까

관계

1

새 한 마리 갈대 위에
앉아 있다, 팅겨오를 수 있을 만큼의
휘어짐을 딛고
잠시 재잘거리다가
푸드득, 날아오른다

새의 무게만큼
굽어지는 생
순간 흔들리다가
탄력으로 다시 팽팽히 서는
갈대, 저 푸른 힘

2

활짝 핀 선홍색 꽃 위로

날아든 나비 한 마리
여린 꽃잎 가장자리
사알짝 발끝으로 밟는다
상처를 염려하며
조심조심 내딛는
발가락의 힘이 눈부시다

저, 저것 좀 봐
꿀을 빠는 나비의 입을 따라
파르르 떨며 확확 달아오르는
꽃, 꽃잎들!

거울

나는
쇠똥구리 앞에 서면
쇠똥구리가 되고
나무 앞에 서면
나무가 되고
바람 앞에 서면
바람이 된다

그들이 춤을 추면
춤을 추고
그들이 목 놓아 울면
목 놓아 울고

나는
하루에도 열두 번 죽고
다시 열두 번 살아난다

만상萬像에 비친 나는 이미 내가 아닌

옷

아프리카 보로로족 원주민의
서로 뒤엉킨 나체 사진
야(만)스럽게 노려보다
이슬빛 환한 눈동자와 딱 마주쳤다
순간

세상의 처음 모습이 이러하였을까

내 부끄러움이 죄가 되는
탄식 앞에
다 벗어버린 그들의 알몸

가장 화려한 옷이다

낯선 신발과 함께

아무리 찾아봐도 내 신발이 없다
식당 안, 남아 있는 누군가의 신발 한 켤레
가만히 발 집어넣어 보는데
남모를 생이 기록된 이 신발은 도통 낯설다
몇 걸음 걸어보지만
모양도 크기도 다른 시간
자꾸만 벗겨져 헛발을 짚는다
오랫동안 잊고 살던 내 발의
생김새와 버릇이 떠오른다
신발 속에는 그 사람의 굴곡이 있다
서로를 맞춰간 침묵 같은 시간으로
동행이 되어준 신발,
발을 꼼지락거려보니
내 발만 놀고 있는 것인데
낯선 신발의 완고함은
내 걸음마저도 바꾸려고 한다

우의

감쪽같이 사라져버렸다
새끼 금붕어 한 마리,
도대체 어디로 갔을까
날개 돋쳐 비상이라도 했나
요리조리 머리 굴리며
앞뒤 상황을 추측한다
문득 남은 한 마리 금붕어와
눈이 딱 마주친다
왠지 움찔거리는 것 같다
유난히 토실해 보이는
저놈의 몸뚱이가 수상하다
툭 불거져 나온 두 눈알은
또 어떻고? 오늘 따라
지느러미도 힘차 보인다
의심쩍은 저놈의 유독 많아 보이는
배설물 바라보고 있는데
옆에 섰던 아들놈이 말한다

엄마, 어제 내가 물 갈아주다가
붕어 한 마리 하수구로 떠내려 보냈어

익숙한 미래 속으로

맥주 한 잔 마시러 멋모르고 들어간 그 곳

알록달록 벽지에
몇 테이블 안 되는 비좁은 공간
낮은 천장에 매달린 희미한 장식등 아래
투덜투덜 먼지를 일으키는 낡은 환풍기
수영복 차림의 여자 사진 달력 위로
드라이플라워 된 빛바랜 아이리스 한 다발
착착 감기는 입담으로 중년 남자들과 술잔을 부딪치는
빨간 립스틱의 주인 여자
흘러간 트로트 가락 사이로 피어오르는
자욱한 담배 연기

오래된 풍경 속으로
주춤주춤, 미끄러지듯 생뚱맞게 앉아
불편한 몇 잔의 술을 기울이다
사알짝 겉옷 벗어놓고

어느새 트로트 가락을 따라
흥얼거리고 있는 나,

부드러운 힘

전통 한옥 툇마루에 앉아
가만히 살펴보니
온통, 꺾고 굽혀야
들어갈 수 있는 구조다

댓돌에서 마루로 올라설 때도
마루보다 낮은 방바닥을 디딜 때도
방문을 열고 들어갈 때 나올 때도

이런 곳에서 살면
다리 운동은 절로 되겠다는
옆에 앉아 있는 아주머니들의
이야기를 듣는 순간
꺾임과 굽힘은
제 안으로 굴절되는 힘이다

그 자세가 만들어낸 동선의

부드러운 힘,
한 소통이다

결혼비행 結婚飛行

허공으로 날아오른
수캐미와 여왕개미의
성스러운 교미

예식장도 혼수품도 살 집도 없이
허공에서부터 시작하는

결혼이란
불안한 몸짓으로 만나
황홀로부터
한 발 한 발

서로를 딛고 내려와
땅을 밟는
공중 결합이다

어떤 시간

길 가던 할머니가 묻는다

―지금 몇 시나 됐누?
―열두 신데요
―벌써? 요즘은 해거리가 짧아졌어
―네?
―근데 오늘이 무슨 요일이우?
―화요일인데요
―어영, 그럼 내일이 일요일이겠구먼
―…

할머니의 정수리로 해가 꽂힌다

종자들의 지론

처음 심어보는 마늘이지만
보란 듯이 해내겠다며 달려들었다
비닐 구멍 속에 마늘을 열나게 박아 넣는데
어머니의 한마디
—대가리 쪽으로 박아야 뿌리를 내리제

아차 싶었다 마늘을 깔 때
칼로 대가리를 따내던 생각을 하며
돌아보니 맥이 딱 풀린다
저걸 언제 다시 심나

바닥만 보며 고른 숨 쉬어가듯 마늘을 박던 어머니
심중을 헤아린 듯 또 한 말씀 던지신다
—놔둬라 비 한번 맞고 나면
  지그들끼리 자리를 잡을 것인께

이건 또 뭔 말인가 싶어 되물었다, 뭐라구요?

―아 비 한번 맞아불믄 쳐들던 대가리도
 지 몸 궁굴려 흙쪽으로 뿌리를 내린당께
 죽을 놈은 죽겠지만 살 놈은 어쩌코롬 살 것인께

나무의 세 제곱센티미터

하얀 목련, 크게 입을 벌려
나무를 명명하고 있다
무슨 나무일까 궁금했는데
꽃이 피니 목련나무인 줄 알겠다

단단한 껍데기의 둘레와 길이만으론
나무의 속내를 다 알 수 없다

머리끝에서 발끝까지 안다고 할 때마다
늘 몇 개의 허방을 디뎌
안다고 하는 것에 대한 아득함에 빠지곤 했다
하지만 그 허방은 내가 만든 것,
명명한다는 것의 실체는
그가 가진 빛깔과
그 빛깔을 담아낸 모양까지 훔쳐볼 수 있어야 하는 것
이다

금방이라도 여섯 마리의 나비가 날아오를 것 같은
목련, 나무의 내력을 알게 해준
세 제곱센티미터다

도시의 야경

오징어배 집어등이다. 저 형광색 황금!
가끔은 우리들 가장 깊은 곳에 불법으로 있는

제4부

산, 수유

산이 보챈다
배고파 투정하는 아이처럼
산수유나무를
자꾸만 흔들어댄다

분주해진다
마른 손가락 하늘로 뻗어
햇살을 문지르자
핑그르르 젖멍울 풀린다

탱탱한 젖
산에게 물린다
화색이 출렁 차오른다

노란
초유

초록, 그 뜨거운 색깔에 대하여

감 이파리 하나
거대한 빛 기둥을 찌른다
꿈쩍 안 하신다

아니다 저 빛은
감 이파리를
초록 화석으로 만든 것이다

빛의 속살인가
감 이파리의 속살인가

꽃눈의 뿌리는 기억이다

3월의 나무 가지마다
좁쌀만 한 꽃눈들 돋아 있다
지난해 내밀었던
그 자리 그대로일 텐데

저 반복 속에서
늘 경이를 느끼는 것은
뿌리를 시작으로
겨우내 비워두었던
물의 길을 깨우는
나무의 기억 때문이다
꽁꽁 언 땅속에서 찾아내
저 위 나뭇가지로 밀어내는

붉은 기억은
첫 마음으로 시작하려는 고집
같음도 다름이 되게 하는

푸른 피 돌리는

천년의 투쟁이어서

꽃눈의 뿌리는 기억이다

겨울 냇가에서

얼어버린 냇물을 보면
그저 흘러만 가는 물도
저만의 길들, 수없이 많은 길들이
함께 어우러져 있다

하얀 얼음 속 물결 진 길들
땅에 대한 그리움이 성한 냇가 쪽은
땅을 향해 굽어져 먼저 얼고
멀리 가기를 작정한 중심은
결빙보다 빠른 속도로
숨을 몰아쉬며 내처 달린다

어느 것이 제 의지대로 될 수는 없다
살짝 얼음 들기 시작한
내의 가운데쯤을 보면
쉽게 멈추지도 또 쉽게 섞이지도 않겠다는
마음이 보인다

여울목, 그 흰 물살 그대로
좁게 빠르게 살아온 모양 그대로
결코 제 갈 길 잃지 않으려고
안간힘을 쓰고 있는 물

섬진강

섬진강은 늘 변한다
폭우가 내린 다음 날은
붉은 물줄기

해가 쨍쨍한 가을날은
가을도
얼굴을 들여다보고 가라는 듯
새뽀얀 거울

눈 오는 날은
눈보다 빨리 얼어 건너편과 이어준다

산수유 피우며 흘러갈 때는
나도 잠시 피어난다

그런 날은 강도 바싹 목이 말라
햇살도 발목께를 적시며 건넌다

건너편 어디에
다다르기 위해서라기보다는
한 해 농사를 위해
발을 씻는 의식을 치르는 것이다

이런 날은
나도 물가에 내려와 발을 담근다

내 발과 닿아 있던 산수유
노란 소용돌이꽃들도 흐른다

강심江心은 단 하루도 같았던 적 없는
이 풍경을
하나도 빠뜨리지 않고 적어둔다

뱀과 언니, 그리고 나

불갑사 뒷길을 걷다가 되돌아오는 내내 나는 언니에게 주저리주저리 이야기를 풀어댔다

따스한 햇살과 주변 풍경을 담은 호수, 그리고 꽃무릇 천지는 내 마음을 온통 끌어내게 했다

어느 정도 산책로를 뒤로하자 대뜸, 한숨을 크게 내쉬는 언니가 하는 말, 산책로 중간쯤에서 뱀을 발견했다는 것이다

순간 놀랬으나 더 놀랠 동생을 위해 뱀의 동태를 살펴가며 최대한 자연스럽게 내 걸음 속도를 늦췄다는데…,

세상이 하얘지는 그 시간을 언니는 식은땀 흘리며 걸었던 것이다

또한 뱀은 늘 다니던 길이었으므로 새소리와 흙냄새와

꽃향기를 피부로 느끼며
　우리 앞을 지나갔을 것이다

　다 다른 세상을 살고 있었다 한 공간, 보고 듣는 게 달랐던 우리는

뭐 어때?

문득 내 존재가
먼지만큼 작게 느껴지는 순간
벽에 붙여놓은 세계지도가 눈에 꽂히데

아무리 찾아봐도 없는 거야
한 점으로도 보이지 않는 거야
나도
모오든 사람들도

망연히 지도를 바라보다
뭐 어때,
먼지만 한 내가 한눈에 세계를 보고 있잖아
(너만 알고 있어. 내 자동차면허증은 1종보통이야. 여차하면 트럭 집을 끌고 다니며 살 거거든. 물론 그 女子, 한 점으로도 보이지 않겠지만)

입가에 웃음을 지으니

세계지도 양쪽이 살짝 들리며
날 따라서 웃데

말을 빚는다고 하지만

말을 잘 구워내는 그는 말의 정점을 안다
일단 찾아든 영감을 놓치는 법이 없다
밀착밀착 반죽한 생각들을 물레로 돌리면
힘의 균형에 따라 결을 내는
아스라한 손끝 사이로 형상이 드러나고
오목과 볼록의 조화가 제 모양을 다듬는다
잠시라도 궤도를 벗어난 말의 각도는
진술과 묘사의 접점을 틀어지게 하는 법,
고도의 집중력이 필요하다
잘 지핀 수사의 장작불에
알맞게 입힌 표현의 때깔,
사유의 점토를 적절한 온도로 구워낸
그의 노련한 도공술엔
누구도 트집을 잡지 못한다
몇 획의 문양에서 촤르르 촤르르 휘도는 화술話術
말의 태는 한 치의 오차도 없어야 한다, 그래서

그 말을 듣지 않고 구경만 하게 된다

초록 발효

얼어서 습기를 물고 있던 땅
촉촉하게 풀리며 흙냄새 난다
이불 밑에서 술빵 반죽이 부풀어 오르듯
저 냄새가 초록을 끄집어내기 시작한 것
양지는 이미 경계를 만드는
풀의 노래가 시작되었고
덩달아 동박새 한 마리 목청 돋우어
톡톡 이파리 뽑아낸다
깨금발로 당실대는 햇살
넘어질 듯 살짝 발 디딘 곳도 초록 한 무더기
깔깔 웃던 바람도 초록 꼬리 보이며 줄행랑을 놓는다
봄길 걷는 내내 나를 따라오던 돌배꽃 하나둘 떨어진 자리마다
깜짝 놀라 허공으로 솟구쳐 오르는 저 초록
제 스스로 풍성해지는 법을 아는
봄은 발효되고 있다

뿌리와 가지

그들의 공통점은 한 방향으로만 뻗는다는 것
그들의 차이점은 서로 다른 방향이라는 것

그들의 공통점은 서로 다른 방향이어서 서로를 키울 수 있었다는 것
그들의 차이점은 꽃과 열매를 밖으로 드러내고 안으로 품는다는 것

그들의 공통점은 둥치를 키워간다는 것
그들의 차이점은 서로가 닮았다는 것을 빛과 어둠을 통해 알았다는 것

서로가 멀어질수록 깨달은 건
그들의 공통점과 차이점이 한 몸에서 나왔다는 것

한로 寒露

 아파트 앞 벤치에 할머니 한 분, 늘 앉아 계시기 때문에 어쩌다 안 보이면 혹 어디 아프시지 않나 걱정이 됩니다. 인사를 하며 지나칠 때마다 어디 가느냐, 꼭 묻습니다. 생각해보니 계속 그렇게만 묻습니다. 처음엔 무심코 들었는데 나중엔 당신도 어디론가 가고 싶어 그러는가 마음이 아프기도 했습니다. ―어디 가? 어디 가? 그런데 오늘은 대뜸 "참 이쁘다, 참 젊다." 그러시는 겁니다. 순간 나는 당황했지만,

  갑자기 눈시울 확 붉어지며
  당신 하얀 머리칼 곱게 빗겨 드리고 싶은 마음
  마구 뛰어가는 겁니다

딸깍 다리

내장산 원적암과 벽련암 사이에
연인을 업고 소리 내지 않고 지나면
사랑을 이룬다는 다리가 있다

내 사랑은
한 발 한 발 뗄 때마다
딸깍
딸깍
소리가 난다

등에 업은 사랑
한 번 눈 맞추고 추스르지만

딸깍
딸깍

조심조심 바라는 그 순간이 전부라는 듯

웃고 있는 마네킹

웃고 있는 마네킹 위에
두 여자가 옷의 색과 모양을 맞추고 있다
벨트를 맸다 풀었다
모자를 씌웠다 벗겼다가 한다
표정의 변화는 없다
옷을 입힐 때 요리조리 살피는 두 여자의 눈을
마네킹은 무시할 뿐 아니라
의식조차 하지 않는다
가슴께까지 단추를 풀고
두 여자가 겨드랑이 부분에 손을 넣어
옷을 만지고 있는데도
마네킹은 배시시 웃고만 있다
그의 시선을 따라가 보면
오래된 허공뿐이다
웃는다는 게 뭘까, 모든 집착을 넘어선
저 염화미소는…
누군가 다리 한쪽을 빼 가도

마네킹은 저렇게 웃고만 있을 것이다
섬뜩한 한기가 느껴진다
온갖 시선으로 누더기가 되어 있는 나는

점검 중

처음으로
자동차 바퀴 점검을 하는데
많이 마모된 타이어,
이대로 더 이상 달리면 안 된다고 한다

타이어는 단지 둥글어서가 아니라
울퉁불퉁 요철 모양일 때
속력을 낼 수 있었던 것,
헐어버린 타이어를 빼내는데
늘어진 거죽이다

수많은 길을 달리면서
남겼을 선명한 자국들은
그의 성깔이고 의지다
삶을 향한 팽팽한 긴장이다

오랜 시간 세상과 맞닿다 보면

문득 보게 된다
점점 제 모양이 없어진 반들반들한 자신을

순간순간 점검이 필요하다
지금 내 타이어는 얼마나 마모되었나

한 마리 물고기가 되다

수천수만 마리의 멸치 떼,

살아가기 위한 길은
서로가 서로의 지느러미 되어
물살을 가를 때 만들어진다는 듯
수천수만 마리의 멸치 떼가
한 동작을 이루며 가고 있다

머리부터 꼬리까지 온통 눈을 가진
거대한 물고기 한 마리가 되었다
멸치 떼들의 생존 방식이다
작고, 여리고, 화려한 무늬 없는 것들이
험난한 바닷속을 살아내기 위한,

누가 가르친 것도 아닌
누가 먼저랄 것도 없는

한 물결이 되었다

해설

이원론을 넘어서는 여성적 살림과 삶에 대한 사랑

오철수 • 시인, 문학평론가

해설 부탁을 받고 늦장 부리고 있을 때 목포작가회의에서 문학 강좌를 해달라는 부탁을 받았다. 생각해볼 것도 없이 승낙했다. 이유는 십 수 년 전 그 강좌에서 지금부터 해설하려는 시집의 안오일 문청을 만났기 때문이다. 인연으로 치면 시작과 한 매듭의 끝을 함께하는 것이다. 물론 사이사이에 그의 작품을 읽기는 했지만 모아진 작품을 읽으니 한두 편 읽을 때와는 느낌부터가 다르다. 시와 함께 흩어져 있던 시간이 모이니 그녀만의 멋진 창조 원리를 집약한 그림책을 보는 듯했고, 그 첫인상은 강력한 여성적 힘의 서정이다. 하지만 오해하지 말아야 할 것은 그 여성적 힘의 강력함이 요즘 시 동네에서 유행하는 자극적이고 감각적인 미 추구의 결과와는 무관하다는 것, 태생이 다르다는 것이다. 오히려 이번 시집의 최고 미덕이라고 할 여성적 체험의 깊이와 진정한 공감 그리고 '더한 삶'으로 뚫고 나아가는 생명의 힘에 기초한다. 십수 년 전 만났던 자그마한 몸집에 오똑한 콧날, 열정적이면서도 날카로웠던 눈매의 그녀가 자기 몸을 살림의 사상으로 단련시킨 것이다. 그러니 첫 시집을 내기까지 걸렸던 긴 시간이 뭐 그리 대수겠는가!

다음 시를 이정표로 하여 한 걸음씩 그녀의 서정으로 들어가 보자.

정적靜寂은 신의 말이다

속살 벌건 새끼들 젖 물리던 어미 쥐, 다가오는 방울뱀 보고 정신없이 도망치다가

멈칫, 멈춰

머—엉 서 있다

차마 뒤돌아보지 못하는

저—

단애斷崖

'제목은 시의 첫 행'이라는 말이 있다. 이 시의 제목이야말로 시의 첫 행이다. 그 첫 행이 모순을 말한다. '정적靜寂'과 '말'이 논리학의 토대인 모순율을 깨뜨리고 신 안에서 한 문장으로 동시에 놓여 있다. '정적이 정적이면 정적 아닌 것일 수 없다. 말이 말이면 말 아닌 것일 수 없다'는 모순율이 깨지는 상황이다. "속살 벌건 새끼들 젖 물리던 어미 쥐, 다가오는 방울뱀 보고 정신없이 도망치다가 // 멈칫, 멈춰 // 머―엉 서 있"는 상황. 이 상황은 통상 인간적 가치에 의해 이미지화된 '어미의 거룩한 희생정신'이라는 말과 충돌한다. 거기에는 더 근본적인 자연의 본능인 자기를 부르는 본능[我召本能]이 있다. 위급하니까 정신없이 도망친 것이다. 하지만 정신없이 도망치는 시공간의 변화 속에 다시 어머니 본능이 살아난다. 그래서 "멈칫, 멈춰 // 머―엉 서 있다". 생 본능이 균열을 일으키며 종의 본능이 떠오르는 순간이다. 그럼 이것을 시인은 어떻게 가치평가 하는가? "차마 뒤돌아보지 못하는 // 저― // 단애斷崖"라고 해석한다. 다시 말해 아소본능과 모성본능 둘 중 어느 쪽도 편들지 않고, 그 사이를 깎아 세운 낭떠러지라고 부른 것이다. 하지만 그 낭떠러지는 생명 외부에 존재하는 것이 아니라 생명체 내부에 있는 것이고, 또 말로 표현되어 빠져나가는 것이 아니라 "저― // 단애"라는 정적으로 있는 것이다. 그래서 극과

극이 하나로 묶여져 마음의 크기가 된다. 그 단애의 높이가 그 사람, 그 생명체의 크기다. 그러니 신이라 한들 어떤 편을 들겠는가. 어떤 것 하나를 편드는 것이 파괴이다. 생명 세계에서는 모순율을 지키는 것이 오히려 반생명적인 것이다. 실제로 서정에서도 어느 한쪽을 강하게 부르짖는 것은 생의 경직만 낳을 뿐이다. 하지만 그녀는 그 둘을 회통시켜 하나로 만든다. 모든 생명체는 이 둘 사이에 정적이라는 마음을 만들어 삶을 살아야 한다고 생각하는 것이다. 그래서 "정적靜寂은 신의 말"이라고 테제화한다. 이때 주의할 것은, 이 神이 인간 외부에 존재하는 기존의 신이 아니라는 점이다. 마음의 크기로 늘어나기도 하고 줄어들기도 하는 살림의 신이다.

첫 시집에서 만나는 그녀는 이 정도의 생 감정으로 단련된 시인이 되었다. 가끔 문학행사에 참여했다가 술좌석에서 볼 때는 개그맨 김국진처럼 허무 개그를 하거나 시 이야기를 하다가는 뭔가 수틀리면 입을 닫아버리고 침묵하던 그녀가 두 아이의 엄마가 되고 거뜬히 한 살림을 이루더니 자연의 본능과 종의 본능을 통째로 껴안고 삶의 문제를 돌파해가는 시인이 된 것이다. 실제로 이번 시집에서 돋보이는 작품들도 위에서 본 시에 바탕한 생 살림의 강력한 여성성과 삶을 단가화單價化하는 것에 반하여 이중성을 삶의 크기로 자기화하며 '삶에 대한 사랑'으로 나가는 긍정의 정신이다.

1. 살림 혹은 창조로만 표출되는 '지독한 힘'의 정체

여성은 살린다. 살리는 것 속에서 여성성이 발현한다. 여성성이 따로 있는 것이 아니라 살림 행위를 통해 여성성이다. 두 아이의 엄마고 한 살림을 이룬 그녀의 여성성은 곧 살림의 행위로서 가치의 근거이자 서정의 울림통이다. 그런데 이렇게 말하면 여자니까 당연하지 않느냐고 말할 수도 있을 것이다. 하지만 모르는 소리다. 몸은 여자이지만 여성성에 도달하지 못한 혹은 남성의 타자로만 존재하는 여자도 참 많다. 다시 말해 여자에서 여성성(혹은 어머니성)으로 거듭나지 못한 것이다. 그 핵심 고리가 '살림'이다. 생명을 살리고 사회를 살리고 생명 세상을 살리는 '살림'이 여성성이고, '살림'으로 하여 가장 강력한 서정이 된다. 60여 편의 시들 중에 이런 살림의 여성성을 직접 드러내는 것은 「화려한 반란」, 「지독한 힘」, 「콩깍지」, 「숨은 명령」, 「낙지부인의 하소연」, 「산, 수유」, 「초록 발효」지만 나머지 거의 대부분의 시들이 이 '살림'의 사상에서 분화되고 특수화된 서정이다.

다음의 빼어난 시 한 편을 읽어보자.

> 뒷산을 오르다 본다
> 봉분들 위로
> 올망졸망 피어나는 아기별꽃들,
> 진통이 시작됐다
> 구구구구 멧비둘기의 신호로
> 산파를 찾아 재빠르게 뛰어가는 청설모
> 자진모리로 감겨드는 허리의 통증으로
> 딱 죽을 만큼 뒤틀릴 때마다
> 그녀의 발은
> 늘 흙투성이 맨발이다
> 울퉁불퉁 불거진 발등에 걸려
> 때깔 좋은 햇살이 넘어진다
> 우지끈, 입술 깨무는 소나무 가지에
> 둥지를 트는 새들은 바쁘고
> 자잘한 돌멩이들이 땀처럼 비탈을 구른다
> 온 산이 들썩인다
> ―「지독한 힘」 전문

봄이 충만해지는 과정을 산이 생명을 낳는 '진통'으로 감응하고 묘사한다. 진통이 오고, 산파를 부르러 가고, 몸을 뒤틀고, 입술을 깨물고, 땀을 흘리고, "온 산이 들썩인다". 리얼하다. 그런데 더 중요한 것은 이 화폭에 등장하는 모든 것들이 연결되어 있다는 사실이다. 어느 것 하나 고립되어 있지 않고 연결망 속에서 제 역할로 존재한다. 전체 속에서 부분이고 부분 속에서 전체로 존재한다. 그러니 '봄이 아기별꽃을 피웠다'고 말할 때, 이 말은 분명 맞는 말이지만 지극히 부분적으로만 맞는 말이다. 오히려 진통을 알리기 위한 적극적 개입으로 피는 것이다. 청설모가 재빠르게 뛰어가는 것도 진통이 올 때 전체 속에서의 한 역할이자 역할을 통한 전체에 개입하는 존재함이다. 그렇게 봄 산은 서로를 생생하게 하고 살리는 하나의 진통을 하는 것이다. 이렇게 서로가 서로를 낳는 관계가 된다. 그때는 햇살조차 "때깔 좋은 햇살"만이 그녀의 "흙투성이 맨발", "울퉁불퉁 불거진 발등에 걸려" 넘어짐으로서 살림에 동참한다. 시인은 그런 총체적 힘을 각자 힘의 산술적 합과 구분하여 "지독한 힘"이라고 명명한다. 보통 말하는 '힘'이 제 몫의 삶에 필요한 힘이라면, '지독함'에 해당하는 것은 살림의 여성성으로서의 힘이고 함께하여 넘치는 창조의 힘이다. 왜? 그것이 나를 넘어 관계의 그물망을 소통하면서 살림으로 흘러가는 창조 에너지이기 때문이다.

　이런 힘을 「화려한 반란」에서는 "그녀의 몸, 긴 터널의 끄트머리에서 / 슬픔의 온도를 조율하고 있다 / 뜨겁게 열 받아 속앓이를 하면서도 / 제 몸 칸칸이 들어찬 열 식구의 투정 / 적정한 온도로 받아내곤 하던 / (중략) / 그녀의 깊은 적요가 크르르르 / 뜨거운 소리를 낸다, 아직"이라고 "크르르르"라는 의성어로 표현하고, 「콩깍지」에서는 "콩알을 담고 있을 때의 집요함이 없다 / 앙다물었던 표정"이라고 집요함과 앙다뭄으로 표현한다. 「숨은 명령」에서는 "순간, 스쳐갔다 / 저들을 숨어 있게 하고 / 저들을 나오게 한 명령은 무엇이었을까 / 또 지금 내 적의를 순식간에 걷어가버린 / 명령은"이라고 하여 '나에게서 나오지만 나를 넘어선 힘'으로의 '명령'이라고 부른다. 한마디로, 자기 이상의 힘이다. 자기 이상의 힘을 살림이라는 행위로 가진다. 그리고 자기가 자기 이상의 힘에 의해 자기화되기에 늘 강력할 수밖에 없다.

　이것이 이번 시집에 드러나는 강력한 여성적 힘의 원천이다. 그녀의 서정은 살리는 '지독한 힘'에 뿌리를 둔 꽃이다. 그래서 꽃이면서도 가장 강력할 수 있는 서정이 된다.

2. 지독한 힘은 이원론을 넘어서 창조적 생성을 바란다

지독한 힘이 지독할 수 있는 것은 모조리 껴안기 때문이다. '이 세상에 쓸모없는 것은 없고 버릴 것은 하나도 없다'는 생기적 존재론의 테제를 그대로 실천하며 살리는 창조를 하기 때문이다. 뭐, 우리 식으로 '열 손가락 깨물어 아프지 않은 손가락 없다'나 권정생 선생님의 '강아지똥'을 연상해보면 어려운 것도 새삼스러운 것도 아니다. 하지만 이런 생각을 갖게 되면 삶이 녹녹치 않을 것이라 예상될 것이다. 그래서 시인도 지독하지 않으면 안 되는 살림의 힘을 굳이 '지독한 힘'이라고 명명했을 것이다.

생각해보면, 옳고 그름으로 나누어 뭔가는 배제하고 좋은 것을 좋아하는 것은 그리 어려운 일이 아닐 것이다. 하지만 이런 배제는 생기 철학자의 고매한 말을 빌지 않아도 삶의 약화를 부를 것은 뻔하다. 이것은 건강한 삶을 바라는 여성성과 충돌한다. 그래서 지독한 힘을 말하는 여성성은 우선 선택과 배제를 낳는 이원론에 예민하게 반응하고, 그것을 약화시키려고 한다. 오히려 살림의 관계를 구축하려고 한다. 이번 시집에서 이런 문제를 직접 드러내는 시는 「짝짝이가 하나를 이룬다」, 「대립이 세상을 구성한다」, 「뿌리와 가지」이지만, 근본에서 이원론을 약화 혹은 무화시킴으로

서 그리고 그 문제 틀을 삶이라는 시공간에 놓음으로써 이 원론을 넘어서 관계론으로 나아가는 모습을 두드러지게 보여주는 시들이 많다.

우선 그녀는 이원론적 대립을 어떻게 보는가?

    그들의 공통점은 한 방향으로만 뻗는다는 것
    그들의 차이점은 서로 다른 방향이라는 것

    그들의 공통점은 서로 다른 방향이어서 서로를 키울 수 있었다는 것
    그들의 차이점은 꽃과 열매를 밖으로 드러내고 안으로 품는다는 것

    그들의 공통점은 둥치를 키워간다는 것
    그들의 차이점은 서로가 닮았다는 것을 빛과 어둠을 통해 알았다는 것

    서로가 멀어질수록 깨달은 건
    그들의 공통점과 차이점이 한 몸에서 나왔다는 것

                               —「뿌리와 가지」 전문

상징적으로 보자. 꽃이 되고 싶은 자에게 뿌리는 치욕일지 모른다. 가지 중에서도 가장 잘 보이는 좋은 자리를 차지하고 싶을 것이다. 그래서 뿌리와 가지는 대립된다. "그들의 공통점은 한 방향으로만 뻗는다는 것 / 그들의 차이점은 서로 다른 방향이라는 것"이다. 그리고 그 다름도 매우 철저해야만 한다. "그들의 공통점은 서로 다른 방향이어서 서로를 키울 수 있었다는 것 / 그들의 차이점은 꽃과 열매를 밖으로 드러내고 안으로 품는다는 것"이다. 그런데 보통의 경우는 다름을 철저하게 추구하면 파국을 낳는데 '뿌리와 가지'는 그렇지 않다. 오히려 하늘로 높이 올라가야 할 나무는 어둠의 뿌리도 깊어야 한다는 말이 성립된다. 대립에 철저할수록 "둥치를 키워간다". 이 말은 곧 대립이라는 것이 이원적인 것이 아니라 이중적인 것, 둘이 아니라 이중의 하나라는 것이다. 밤과 낮이 이원적인 것이 아니라 이중의 하나라는 것이다.

그렇다면 대립을 파국으로만 상상하는 것은 적당치 않은 생각이다. 하늘을 차지하기 위해서는 어둠의 땅도 차지하지 않고는, 결국 자신이 커지지 않고는 불가능하다. 선과 악이 다 커지지 않고는 성장도 없다. 하늘이 아무리 좋아도 하늘로 가기 위해서는 어두운 욕망의 뿌리를 더욱 크게 갖지 않으면 안 된다. 그 욕망의 폭발이 나무를 밀어 올리는 힘이다. 그래서 시인의 시선이 "서로가 멀어질수록 깨달은 건/ 그들의 공통점과 차이점이 한 몸에서 나왔다는 것"에 꽂힌다. 공통점과 차이가 한 몸으로 서로 원하고 서로를 갈망한다. 그래서 뿌리와 가지는 이미 서로를 깊게 상감象嵌한 하나, 이중성이다. 뿌리, 어둠, 검은 욕망 등을 부정해버리면 그것만 사라지는 것이 아니라 나무가 사라져버리는 것이다. 그래서 여성성은 둘을 통째로 껴안는다. 대립으로 하여 하나의 삶이 구성되고 끝없는 생성이 이루어지는 것이다. 한쪽만을 원하는 것은 전체를 죽이는 것이다. 한쪽만을 원하는 행위야말로 여성성이 보기에 허약함의 표징이고 지독하지 못한 힘이다. 지독한 힘은 대립을 하나로 살림의 관계로 끌어안아 건강한 삶을 피운다.

그런데 곰곰이 생각해보면 이 세상 자체가 대립 그 자체로 구성되어 있다. 싸우면서도 하나로 조화를 이룬다. 그래서 헤라클레이토스도 세계의 대립과 투쟁과 조화를 말했을 것이다. 시인의 말처럼 자기가 있는 공간만 휙 둘러봐도, "온통 대립이다 //벽기둥과 그 면에 달라붙은 거울 사이 / 게시판과 거기에 꽂힌 압정 사이 / 못과 그 못에 구멍 뚫린 아트플라워 사이 / 출입문 안팎에서 순간 밀고 당기는 사이 / 탁자의 윗면과 다리의 이음새 사이 / 술잔에 부딪히는 생각과 생각들 사이 // 밀어내는 한쪽의 힘만큼만 / 서로를 밀어내고 있다 / 버틸 만큼, / 그렇게 져주고 있다 / 다른 것들끼리 이루어낸 이 공간의 / 공존 방식이다"(「대립이 세상을 구성한다」). 그러니 골라서 좋아할 수 없다. 통째로 좋아해야 한다. 이것이 살리는 지독한 힘으로서의 여성성의 본능적 지성이다. 그렇게 되면 대립과 투쟁이 파국으로 가는 것이 아니라 살림의 관계적 생성으로 변한다. 이런 이원론의 극복이 이번 시집의 성과 중 괄목할 만하다.

3. 살림의 관계론으로 열리다

대립과 투쟁을 넘어서자는 것은 대립을 무화시키고 투쟁을 없애자는 말이 아니다. 이 세상은 도대체가 그럴 수 없게 근원에서부터 대립과 투쟁을 통한 생성 변화로서의 하나이다. 그래서 필요한 것이 대립을 이원적으로 보지 않을 때 생겨나는 관계에 대한 이해이다. 시인의 말처럼 "공존의 방식"으로 대립이 있다면, 그것을 통째로 껴안는 것은 서로에게 돌아가는 관계를 생각하는 것에 다름 아니다. 왜? 그것만이 살림의 사상이기 때문이다. 그래서 살림의 지독한 힘이라고 하여 무식한 힘으로만 떠올리면 안 된다. 어떻게 엄마가 무식함 하나로 생명을 기를 수 있겠는가. 통하는 약음!, 그것이 관계를 다루는 가벼움이다. 이번 시집에서 이런 문제의식에 닿아 있는 시로는 「의자를 고치다가」, 「품」, 「낯선 신발과 함께」, 「기울임에 대하여」, 「관계」, 「겨울 냇가에서」 등이 있다. 하나같이 빼어난 시들이다. 그중에서도 나는 다음 시를 최고로 친다.

　1

　새 한 마리 갈대 위에
　앉아 있다, 튕겨오를 수 있을 만큼의
　휘어짐을 딛고
　잠시 재잘거리다가
　푸드득, 날아오른다

　새의 무게만큼
　굽어지는 생
　순간 흔들리다가
　탄력으로 다시 팽팽히 서는
　갈대, 저 푸른 힘

2

활짝 핀 선홍색 꽃 위로
날아든 나비 한 마리
여린 꽃잎 가장자리
사알짝 발끝으로 밟는다
상처를 염려하며
조심조심 내딛는
발가락의 힘이 눈부시다

저, 저것 좀 봐
꿀을 빠는 나비의 입을 따라
파르르 떨며 확확 달아오르는
꽃, 꽃잎들!

—「관계」전문

  정말 눈부신 장면이다. 갈대에 새가 앉을 때 절대 풀썩 주저앉지 않는다. 그렇게 앉았다면 갈대들이 남아나지 않았을 것이다. 갈대에 다가올 때는 계속 날갯짓을 하며 저항을 만들어 사뿐 앉는다. 앉아서도 꽉 눌러앉지 않고 요리조리 방향을 틀고 자리를 바꾸어 갈대에게 최소한의 힘만 쓰게 한다. "튕겨오를 수 있을 만큼의 / 휘어짐을 딛고" 볼일을 본다. 물론 그로 하여 갈대도 근력을 키우고 필요한 물을 빨아올린다. 그래서 "새의 무게만큼 / 굽어지는 생 / 순간 흔들리다가 / 탄력으로 다시 팽팽히 서는 / 갈대, 저 푸른 힘"이 가능하다. 이렇게 전혀 다른 새와 갈대가 서로의 깊이에서 필요라는 관계로 나눈다. 겉보기에는 갈대밭 다 망쳐버릴 새떼지만 전혀 그렇지 않은 것이다. 그렇기에 이들의 대립은 결단 내는 대립이 아니라 오히려 서로를 부르는 대립이다. 관계로 이어진 이중성으로서의 대립이고 서로 생성이고 변화다. 그래서 이런 사실을 끝까지 밀고 나가면 '새-갈대'를 묶기도 하고 풀기도 하는 관계(이런 것이 눈에 보이지 않는 생태적 지성의 연결망 아니겠는가!)가 더 중요하게 된다. 왜냐하면 이 관계야말로 강제로 혹은 인위적으로 풀 수 없는 살림의 '지독한 힘'에 해당하기 때문이다. 그래서 '새'나 '갈대'라는 실체 중심에서 풀려나 관계 중심의 세계관이 열리는 것이다. 하지만 이때 곤란한 것은 그 관계라는 것이 보이거나 만져지는 것이 아니라는 점이다. 그러니 '그런 관계는 없다'고 박박 우기며 경제적 이익만 내세우면 참 막막하다. 새가 날아오를 때의 "푸른 힘"을 보지 못하고 손익만 보는 것! 요즘 이런 세계관이 이 땅의 강을 파헤치고 있으니 이 시인의 마음이 어떨까.

다음으로는 나비가 꽃에 앉는 장면이다. 나비는 조심스러운 손님의 몸가짐이다. 아니 사랑하는 연인을 대하는 모습이다. "여린 꽃잎 가장자리", 정말이지 "사알짝", 어떤 충격도 없게, 차라리 관능적으로 내려앉는다. 자기가 가장 좋아하는 꿀을 가진 분인데 어찌 자기 마음대로 행동하겠는가. 그래서 고마움과 조심스러움, 아끼는 사랑의 본능적 몸짓이다. 그런 관계, 비록 우리들 눈에 보이는 것은 아니지만 그 관계를 느끼기에 "상처를 염려하며 / 조심조심 내딛는 / 발가락의 힘이 눈부시다"는 감흥이 가능하다. 또 그 '나눔의 관계'에 감응하기에 "저, 저것 좀 봐 / 꿀을 빠는 나비의 입을 따라 / 파르르 떨며 확확 달아오르는 / 꽃, 꽃잎들!"이라고 표현할 수 있는 것이다.

이처럼 살림의 여성성은 대립을 이원적으로 보지 않고 이중성의 관계로 보고, 그 관계를 서로 살리는 길[道]로 본다. 실제로 그 관계를 타고 '생명—배려—사랑—건강'이 흐르며 생명 세계 전체가 생생해지는 것이다. 바로 그 흐름이 살림의 지독한 힘이다. 그러니 여성성이 괜히 살림의 사상인 것이 아니다. 그녀의 몸으로 우주의 법이 흐르고, 그것이 관계의 그물망을 느끼고 보존하고 창안하기에 죽어 가는 것도 살리는 것이다. 실제로 "배려는 추상적인 것이 아니다"(『의자를 고치다가』)고까지 말하니 그녀가 생명사상에 물들어 있음은 당연하다. 그러니 그녀가 삶에 대한 끝없는 사랑을 말하는 것은 당연한 것 아닌가!

4. 살림의 힘은 '삶에 대한 사랑'의 실천으로 나간다

살림의 지독한 힘이 있는데 어떻게 죽음에 가까운 서정을 노래할 수 있단 말인가. 묵지근한 것, 피로한 것, 우울증과 조울증, 나약한 것 등은 그녀들의 몫이 아니다. 그러니 여성성이라고 하여 예전에 평단에서 보던 식으로 이해하면 안 된다. 여성성의 미학은 살림의 지독한 힘에 기초한 생태적 살림의 미학이다. 그래서 철학자 현경은 '전사, 살림니스트!'라고 부르지 않던가. 그럴 수밖에 없는 것이 그녀들은 아무리 어려운 상황 하에서도 삶을 이치화二値化하여 단가화單價化시키는 것에 반하여 이중성을 삶의 크기로 자기화하며 '삶에 대한 사랑'으로 나가는 긍정의 정신을 표현하기 때문이다.

그렇기에 여성성은 특히 우리의 시사에서는 무조건 그리고 무진장 필요하다. 왜? 여지껏 여성성이라는 것이 왜곡(남자의 타자로서 여자 정도로)되어 있었기 때문에. 실제로 이번 시집의 백미들은 살림의 지독한 힘이 구체화된 시 「빛무덤」,

「티티새의 전설」, 「종자들의 지론」, 「뭐 어때?」 등에서 보이는 '삶에 대한 사랑'으로 집중된다.

그중에서도 내 정신을 황홀하게 하는 시를 읽어보자.

빛이 무덤이다

들어간 길로 나오지 못하는 것들이 있다
전구를 갈아 끼우기 위해
전등갓을 벗겨보니
메뚜기 한 마리 벌러덩 누워 있다
아무리 봐도 들어갈 틈이 없는데
이 좁은 문을 어떻게 통과했을까
빛의 유혹에 앞만 보고 달려들었을
몸부림의 흔적이 적나라하다
검게 그을려 바삭거리는 날개,
풀잎에서 풀잎으로 건너 뛰어다녔을
긴 뒷다리 바싹 웅크린 채
잘 마른 미이라가 되어 있다
몰랐겠지, 먹기 좋게 차려진 그 환한 먹이가
무덤이 될 줄은,
죽음의 공포조차 몰아냈던

생에서 가장 찬란했던

부서진 날개

눈부시다

—「빛무덤」 전문

　시인은 메뚜기의 죽음을 어떻게 보는가? 답은 "죽음의 공포조차 몰아냈던 / 생에서 가장 찬란했던 / 부서진 날개 // 눈부시다"로 본다. 이것은 놀라운 인식의 전환이자 '삶에 대한 사랑'이다. 왜냐하면 메뚜기의 죽음에 더 이상 "빛의 유혹에 앞만 보고 달려들었을" 어리석음으로의 도덕적 판단이 없기 때문이다. "몰랐겠지, 먹기 좋게 차려진 그 환한 먹이가 / 무덤이 될 줄은"이라고 말하면서도 메뚜기의 행위를 더 이상 이원화시켜 도덕적으로 보지 않는 것이다. 선악으로도 옳고 그름으로도 보지 않는다.

　그러니 그 죽음을 안타까워하며 '여러분, 빛이 좋기는 하지만 때로는 죽음을 부르는 유혹일 수 있습니다. 그것을 분별하지 못하거나 유혹을 이겨내지 못하면 저 메뚜기처럼 됩니다' 하고 말하는 장사치들은 더 이상 설자리가 없다. 그런 장사치들이 '1)빛이라고 다 좋은 게 아니다. 너를 죽음으로 몰고 가는 가장된 빛이 있다. 2)그것을 판단하는 것은 원칙

적으로는 각자의 몫이겠으나 위와 같은 사건이 일어나는 것으로 보아 감각에만 의존하지 말고 누군가의 말을 듣고 믿어야 한다. 3)그러기 위해 가장 좋은 길은 말 잘 듣고 가능하면 너의 욕망을 축소시키는 것'이라는 식으로 세운 논리는 더 이상 소용없게 된다. 아니, 시인이 그런 이분법적이고 이원론적인 단가화를 관점을 달리해 차단시켜버린 것이다. 어떻게? 죽음의 공포와 맞서는 행위로, "죽음의 공포조차 몰아냈던 / 생에서 가장 찬란했던 / 부서진 날개"를 클로즈업하고 "눈부시다"로 가치 평가함으로써.

그렇다면 그 순간이야말로 메뚜기에게는 더 이상 죽음을 알지 못하는, 더한 생으로만 길을 열었던 순간이고, 그래서 생에서 가장 찬란했던 비행飛行의 순간이 된다. 죽음조차 넘어서는 삶으로 향한 비행! 비록 그것이 죽음으로 끝났다 하더라도, 그리고 빛무덤이 될지라도 거기에는 최선이고 최대인 삶이 있었던 것이다. 그래서 "눈부시다"고 경의를 표하는 것이다.

그러니 여기에는 오직 삶의 확장을 바라는 마음뿐이다. 오직 삶! 그녀의 삶에 대한 태도는 오직 '삶에 대한 사랑!'뿐이다. 이런 삶에 대한 사랑을 위해 살림의 지독한 힘이 준비한 말이 "뭐 어때?"다.

문득 내 존재가

먼지만큼 작게 느껴지는 순간

벽에 붙여놓은 세계지도가 눈에 꽂히데

아무리 찾아봐도 없는 거야

한 점으로도 보이지 않는 거야

나도

모오든 사람들도

망연히 지도를 바라보다

뭐 어때,

먼지만 한 내가 한눈에 세계를 보고 있잖아

(너만 알고 있어. 내 자동차면허증은 1종보통이야. 여차하면 트럭 집을 끌고 다니며 살 것이거든. 물론 그 女子, 한 점으로도 보이지 않겠지만)

입가에 웃음을 지으니

세계지도 양쪽이 살짝 들리며

날 따라서 웃데

　　　　　　　　　　　　　—「뭐 어때?」 전문

"문득 내 존재가 / 먼지만큼 작게 느껴지는" 때다. 무슨 일인지는 모르지만 자신이 너무 하찮게 느껴질 어처구니없는 일이 있었던 모양이다. 그때 우연찮게 세계지도와 마주하게 된다. 세계지도와 나! 지금의 나는 세계지도에서도 아시아, 아시아에서도 대한민국, 그것도 어디어디에 있을 것이다. 하지만 보이지도 않는 존재다. 그런데 더 기막힌 것은 나의 존재감조차 빼앗아갔던 일 또한 그 세계지도 안에서는 보이지 않는 것이다. "아무리 찾아봐도 없는 거야 / 한 점으로도 보이지 않는 거야 / 나도 / 모오든 사람들도". 기가 막히다. 이게 도대체 뭔 일인가? 그렇다면 방금 전까지만 해도 나를 사소하다 못해 먼지처럼 느끼게 했던 것은 무엇이란 말인가? 도대체 내가 무엇에 홀려 사는 것이란 말인가? 도토리들끼리 키를 재고 감정 상해하고 허무해하고, 도대체 내가 바라보는 곳이 어디고 무얼 원하고 있는 것인가? 그래서 망연히 지도를 본다. 정말이지 한껏 작아지는 순간이다. 여기서 '환멸'이라는 단어를 떠올릴 수도 있을 것이다. 도대체 존재라는 게 뭘까? 먼지보다도 작은 이 존재들이 수많은 일을 일으키고 수많은 감정을 지으며 산다는 것, 이 터무니없음! 이 부질없음! 맥이 탁 풀릴 것이다. 한데 그 바닥에서 뭔가 자란다. 먼지 같은 존재들이고 나도 먼지 같은 존재인데, 그래서 환멸이 일어나는데, 그 환멸의 끝에서 뭔지 모르지만 뜻하지 않은 주체가, 바로 "먼지만 한 내가 한눈에 세계를 보고 있잖아"라는 주체가 온다. 그리고 '뭐 어때!'라는 말이 튀어나온다. —뭐 어때! 이 말로 하여 "입가에 웃음을 지으니 / 세계지도 양쪽이 살짝 들리며 / 날 따라서 웃데"가 된다. 어마어마한 변화다. 더 이상 삶에 떠밀려 살 까닭이 없다. 왜냐하면 삶의 영원한 동반자인 "뭐 어때?"라는 마음이 있기 때문이다. 그로 하여 더 이상 '너는 이렇게 살아야 한다'가 아니라 '나는 의욕한다'가 된다. "뭐 어때?"는 이제 삶의 엔진이다.

그녀는 이런 정신을 이원론을 넘어서는 삶에 대한 사랑의 형식으로 스스로에게 강제한다. 그 아름다운 형상이 다음 시다.

감 이파리 하나
거대한 빛 기둥을 찌른다
꿈쩍 안 하신다

아니다 저 빛은
감 이파리를
초록 화석으로 만든 것이다

빛의 속살인가

감 이파리의 속살인가

—「초록, 그 뜨거운 색깔에 대하여」 전문

우리의 삶이 이와 같이 되는 것이야말로 가장 찬란한 생 아니겠는가. 내 삶으로 "거대한 빛 기둥"을 고정시키고, 동시에 빛 기둥의 "초록 화석"이 되어주는 관계로서의 삶! 그래서 시인의 시집 해설을 쓰고 있는 나에게 이번 시집의 핵심어는 "뭐 어때?"다. 이 말은 삶에 대한 사랑으로 나아가려는 분들이 꼭 가슴 한 켠에 담아두어야 할 말이다. 이 하나만으로도 그녀의 첫 번째 시집은 위대하다.